김춘추 시인은 1944년 경남 남해에서 출생했다. 1983년 국내 최초로 동종조혈모세포이식에 성공하였으며, 1998년《현대시학》으로 등단했다. 2002년 국제혈액학회 세계학술대회 학술위원장을 역임했다. 2000년 옥조근정훈장(과학기술유공)을 받았으며, 2006년 쉐링임상의학상 등 다수의 수상 경력이 있다. 시집으로는『요셉병동』,『어린 순례자』,『聖오마니!』등이 있고, 2010년『등대, 나 홀로 짐승이어라』로 제13회 가톨릭문학상을 수상했다. 가톨릭의대 혈액학과 명예교수이다.

리토피아포에지 · 123

산이 걸어 들어온다

인쇄 2021 11 25 발행 2021 11. 30
지은이 김춘추 펴낸이 정기옥
펴낸곳 리토피아
출판등록 2006. 6. 15. 제2006-12호
주소 21315 인천시 부평구 평천로255번길 13, 부평테크노파크M2 903호
전화 032-883-5356 전송032-891-5356
홈페이지 www.litopia21.com 전자우편 litopia999@naver.com

ISBN-978-89-6412-153-5 03810

값 10,000원

김춘추 시집

산이 걸어 들어온다

리토피아
LITERATURE & UTOPIA

시인의 말

우리가 못 가지고 갈

백팔번뇌가

고갯마루에 걸려 있다.

2021년 11월
김춘추

차례

제2부

제3부

제4부

제1부

겨울 밖에서

그대, 긴 머리카락에 내린
눈비였다가
이끼 낀 돌멩이로 낙엽에
싸인 채 산정에
홀로 누우니
파도소리에 날 때부터
귀가 여린 간여 저 멀리
해마다 태풍의 눈이 되는
이승의 수평선이
속눈썹까지 달려와
잘 있겠다고
잘 가라고 눈을 감겨주네

눈·봄

큰애기 연분홍 치마를 통째
적신 눈은
개나리 꽃잎을 만지다가
금강소나무 가지 가지
눈꽃 피우고
돌다리 놓인 개천을 건너
구름의 높이에서 본 따수운
눈길로 자는
봄을 흔들어 깨우니
얼레지 노루귀 개불알풀
너도바람꽃에
며느리배꼽까지
하품하다 기지개도 켠다네

동강할미꽃

날 때부터 빈 하늘 한 짐 지고

메아리가 사라진 산을 떠나
다람쥐도
한숨 쉬는 바위길을
지나 어라연 모퉁이에 앉아

가시고기 눈물로
세월을 짜는
물소리에 귀 열고 묘살이 하네

학 저수지

개구리산과 배암산 그림자가
각시붕어랑 새살림을 차리자

잘 씻은 별 하나 입에 물고

학은
하늘에서 핀
산수국 품에 안겨

백마고지 넘어 집에 가 없다

신세대

잎보다 꽃 먼저 피우는 마실 산수유이거나

허수아비 벙거지에 앉아
먼 산 보고 웃는 참새이거나

기어이 지리산을 탈출한 새끼반달곰이거나

혼자 바람을
흔들다가 빰이란 빰 다 발개진 참꽃이거나

서편제

하늘 오르고 오르다가 이제
그만, 초승달에 걸터앉아
청산도를 내려다보며
비바람에 삭아도 고향은
고향이라고
물새소리도
파도소리도 불러와
혼이
타는 모닥불을 태우고 있다

환절기

여우비 내리는 허공을
울고
또 우는

떼 까마귀 울음소리가
꿈속에서는

거문고 노래로 들린다

비슬산 능성이에 서서

감기 걸린
히말라야시다, 귀에는

동해파도는

보이지 않는 포크레인으로
밤낮 물때 따라
배고픈 바다에다 퍼 날라
발가벗은 백사장은
가엾은 백사장은
인심이 묵은지 익듯
익은 인제 원통 니나노집
두 눈이
애기 고라니만치나
순한 가시내들
방뎅이만큼은 남았습니다

노을

온마실 지지배란 지지배가
바람 잘 날 없는
강가에 앉아
진달래 금낭화
능소화랑 엉겅퀴까지 불러
붉게 물든 속치마를
천만리 곱게 흐르는
물 위에 띄워 보내고 있다

타는 맴에 찬 이슬도 보태

상족암

중생대 하늘 머리에 이고
흰 머리띠를 두른
파도가
억년도 더 된
애기공룡 발자국에 앉아
백악기의
독립만세를 부르고 있다

그것도
하루에 두 번씩이나

연초록 편지

어린 풀잎 맘대로 눕히는
센 바람아
따오기네 하늘도 내려와
앉은 우포늪은
수심보다 정이 깊어
시방도 철 따라 부들이랑
마름 가시연꽃 피고지고
물방개 돌마자
긴물개 소금쟁이 모래무지
모이고 모여 살고지고
밤이 오면
청둥오리가 돌아간
그 길, 반딧불이가 비춘다

양수리 쑥국새

엊그저께 아우라지를 떠난 다솔밭
솔바람이
뗏목을 타고 내려와
두물머리 나루터
물메기 물보시 인심에 길 멈추면

쑥국새야
쑥국, 쑥국이 지천인 마을을 찾다

붉은머리오목눈이 때까치 멧새
개개비 둥지에다 은근슬쩍
심어둘 사랑도 없어
숭어뜀이 찡한
강화섬에서, 울어 우는 쑥국새야

두견이 매사촌은 어디 두고 왔나
송파 샛강 언덕이나

행주산성
미루나무 가슴에도 뵈지 않는구나

겨우내 찬바람에
날개가 얼어
이젠 세상 너머 너 홀로 쑥국새야

헌화로

절벽에 핀 붉디붉은 그 꽃
이제는, 어느 하늘가로
올라가 피어 있나요

암소를 몰고 가던 노옹이여

꽃 꺾어드릴 귀한 이 없어
모래시계를 돌고
돈 시간이
저 멀리
동해 백사장 모래로 누워있소

소매물도

비지떡 버리듯 내다 버린 어제가
늘 푸른 파도이랑에서 눈물로
빤짝이고 해질녘에는
애기벵에돔이 채워도 못다 채운
오늘을 물고 오다
떨어진다, 떨어져 집에 간다
이어도 구름을 안고 달려온
흑조는 상어굴 근처에서
어두움과 한 몸 되어
수평선에서 잠들면
간간이, 지나가는 태풍이
시린 기억 같은
돌멩이 한두 개 등대로 날린다

Y는

참나무이거나 팽나무 몸에 뿌리
내리고 머리는 까치둥지를 틀어
올려 기둥서방으로
겨우겨우 겨울을 흘려보내는
겨우살이의 기호학적 본명이다
괜히, 바람은 얼굴 붉히고
배고픈 서울고라니 침 흘리지만
저쪽, 서양겨우살이는
메리 크리스마스, 순록이
사는 먼 나라, 눈 많이 오는 날
젊은 쌍쌍이
서로가 서로의 입술을 나누다
모두가 나인 걸 알아
가슴 활짝 여는 신호이기도 하다

올해도

양주 불국산 그림자를 안고
내려온 중랑천에서
봄은
넝쿨장미 작약 산딸나무에
양귀비까지 보태
지난해
그 찡한 그리움을 안개처럼
피워놓고 지워져 간다
팔도, 어디메서
쇠붕알 만한
하지 감자가 크든지 말든지

섬

겨울바다 한 바지게 지고
바람발로 달려와
물새소리에 귀를 씻다가
파도소리로 입도
눈도 헹구고 시시때때로
조개구름을 우러러보는
진주조개를 품으면
백 년쯤은
한 해에 거뜬히 흘러가오

별똥별

기다려, 네 전생의 짝사랑 안고 숨 안 쉬고 내려갈게

만약에
—세선이 생각

장대비가 와 엄마랑 신난 낮잠이나
잤으면 좋겠다

만약에, 엄마한테 무슨 일이 생겨
아빠는 그림자만 아빠라면
불쌍한 그 애처럼
트렁크에 들어갈까 무서워 그래서
난 할머니 집에 갈래
세로랑 손잡고 둘이서
만약에, 할머니한테도 일이 생기면
곧장 우린 이모랑 있고 싶어
만약에, 잘못이 계속되면
여권이랑
같이 암말 말고 미 대사관에 보내줘

만약에는

많이 가질수록 든든하다지, 안 그래

제2부

탐라호

우도 가파도 비양도 범섬에
크고 작은 관탈도
형제섬까지 보태
구축함 거느리듯 거느리고
오늘도, 어제와 같이
겁 없는 항공모함 한 척이
미사일도 아니 달고
눈 뜬 바다를 달리고 있다

이포나루에서

파래를 껴안은 시간이
강으로 달려와
모래무지 비늘은
사금파리로 반짝이고
돌에도 피가
돌아 돌에 새긴 새가
눈 뜨니
신석기 하늘이 보인다

개똥지빠귀
보다 큰 고추잠자리

꽃보다 인연

앨윈 미드 씨, 세상에 살다보니
꽃보다
더 아름다운 건
인연이 아닐까요 북한산
수수꽃다리 형제 새끼가
태평양을 건너가 보라색
향기로 다시 돌아온
미쓰김 라이락은
꽃 중에 꽃 미쓰 코리아입니다

진. 선. 미.
맘대로 골라잡은

떠나간 조각달

—바람 강 그리고 구름

얼고 언 손으로 문풍지를 매만지다
개나리꽃 한두 송이라도
피우려는 어린 봄바람 속마음이랑
어데, 짠하고 서러운 게
철 따라 불어주는 바람뿐이랴

어릴 적 애기오리랑 같이 놀다
물 위에 띄워 보낸
부들잎은, 시름의 강을 지나
망각의 강을 지나 시방은
몇 만 리쯤 가 기다리고 있을까나

늙고 병든 지난여름
아무도 없는 청솔가지에
달랑 이름 하나만 새겨놓고
새털구름이 가린

하얀 얼굴로 이승 저승
사잇길을 혼자 내려다보는 누이야

둠벙

한낮 앞산 얼굴에는
귀가 두 개고요
금개구리가
되다만 올챙이도
두 마리나 있습니다

지금은
밀밭인 그 둠벙에는

계절풍

백록담에, 먹구름치마를 행구고 바람은
태백산맥을 지나 기어이
백두산 천지에다
발을 담구니

(흐미, 물 한 번 시원한 거, 흐미)

개운해진 몸은 차디찬 흥남부두
앞바다를 끌고 오다
독도를 지나
시방
거제도에서 어깨에 구멍이나 쉬고 있다

마라도나
이어도가 기다리는 줄은 꿈에도 모르고

작은 숲

하얀 머리카락이 늘면 늘수록
계절은
직선에서
곡선으로 흐르고
어린 날 개울로 날린 납작
돌은 동그라미를 그리다
시방은
무슨 서러움 아래 누워 있을까
철 지난 쑥부쟁이가 피다
지고 울타리나무
울타리
밖에는 은사시나무 키가 크다

향로봉

까막까치 울음소리랑 머내골
물소리를 같이 보듬고
부엉이가 부엉부엉 하던 길
따라 밤새 이승으로 돌아온
종소리가
이제야, 철모를 벗고
산봉우리마다 키가 준 썩지
않은 기억을
신갈나무숲에다 내려놓으니
노루 오소리 너구리 족제비
하늘다람쥐는
4월에도 내리는
이 세상
가장 흰 눈에 목을 축인다

글피

하얀 달력 속에서 기침하듯
오늘을 보내고 있는
숨은 그날에
구름 위로 얼굴을 내민
산은
발밑에 핀 까마중이랑
개구리발톱을
내려다보다가 바다로 가는
시냇물 소리로
귀를 연다
올봄은
벌써 노란색으로 와 있는데

패랭이꽃

입술에 묻은 빨간
웃음 엄나무
가시에 감추고
와, 이제 왔다냐

이 문디 가스나야

소만 무렵

산그리메를 벙거지로 뒤집어
쓴 바람이
서산마루를 넘어가면 맵새
둥지에 알 깐
뻐꾸기는
부끄러운 울음을 온 산에
심어놓고
콩 심은 데 콩이 나
세월은
입하로 되돌아간 적 없단다

도도새

사람을 짝사랑하다
사람들 손에 지상을 떠나

마다가스카르 동으로 흐르는
요단강 나루터에서
저승 갈 돛단배를 기다리는
도도새는, 200년부터 쭉
쪽달이 합쳐 하나가 되는 날
황홀한 모리셔스섬

행복이 노을로 핀
신혼부부를 내려다보고 있다

길동무

겨울우레가 바다로 떠난
후에야
비구니 수녀가 이웃사촌
길동무 되어
동지섣달
흰 보선길을 걷고 있다
김삿갓 묘를 지나
워낭소리 들리던 그리운
길을 따라
가도 가도
무릉도원 십 리가 남았다

가재골에서

치자꽃 향기 찾아서 돌고
또 돌아
늙은 소나무 허리 아래
물소리는 도란도란
어미가재랑 애기가재는
애비가재 따라 물살을
거슬러 오르느라
뒷걸음질이 영 열심이다
전생에
망한 무슨 나라
백성인가
잊어버린 어제를 찾다니

남방 유랑기

산방산, 흐드러진 유채꽃은
안녕하신지
걱정이 많은 된바람이랑
추자도 까나리젓에 밥 잘
비벼 먹고 병풍도를 지나
맹골군도 어디에서
걸친 건 다 벗어 갯바위에
말리고는 거북손 어깨 위
갯강구 눈으로 바라본
봄 파도는
입이 큰
백상아릴 감추고 있다, 쉿!

개밥바라기

아무튼 무슨 땅 스탄에서

어미 잃은
지상의 강아지
배고파 헤매고 있을 때
한겨울
시래깃국 끓이듯
저녁을 끓이고 있다
주변에 숨은
잔별 두어 숟가락 넣고

종이학

반 지하방에서 반평생
종이학을 접다가
흰 두루미 날개 타고
떠난 누이는
꿈 잘 꾸고 잘 있다고
계절 밖에서 부는
아무르 강바람에
새털구름 한 폭
또 한 폭 띄우고 있다

집성촌

압해도 암태도…… 비금도가
탯줄도 없이
지 닮은 새끼를 퍼질러
시방은 아들 딸
아그덜 천은 좀 넘지라오
밤이면 밤마다
등대불을 켜 서로의
얼굴를 보고 또 보지만
비단짱뚱어 농게만치나
바다 속에는
용왕님만
아는 족보가 지천이지라오

달맞이꽃

저문 사랑을 찾아서
눈과 귀로
강강술래를 하다
그림자처럼
떠났네, 새벽달이랑

노란 웃음은
땅 끝
갯가에 남겨두고

길냥이

자고 일어나 우는 애기 바람아

바람은 혼자 부는 게 아니란다

동서남북에다
갓난쟁이를 감추고는

내 귀를 빌려줄게 즈믄 바람아

제3부

백중사리

해마다 오늘 세로가
가로보다 길고 긴
갯벌에서 가만히
귀를 열면
쏙 새조개 바지락
눈뜨는 소리가
파도소리보다 크다

만추

숫처녀 익듯 농익은
강과 산이
모네 세잔에다
마네까지 모셔와
게 잡아 한 잔 하는
순하디 순한 얼굴을
그리게 하고 있다
벼루랑
붓에 먹만 꺼내놓고

하늘장

천산 이쪽저쪽에서
독수리 날개가
전생 후생 다 싣고
훨훨 날고 있다
고맙고 고마웁구나
눈물이 말라
이제 와
없는 눈물샘까지도

11월

찔레순 삐비 장다리순 따서
고픈 배를 달래며
달래강 건너
구슬이끼 우산이끼 깔린
길을 걷다가
비구름도 보며 혀를 차다가
바람에 나뒹구는
은행잎 한 잎 물고
이제는
노루꼬리만치 남은 길
지팡이랑 눈 감고 걸어간다

젤소미나!

곧, 미리내 뚝방길이다

허공에

그리하여 동지섣달도 가주면

흑고니 재두루미 쇠기러기도
사라져
얼어버린 슬픔에
삭풍은 와 무엇을 그릴까

전쟁이 나 문을
닫은 소학교 적 몽당연필도

크레용도
종이도, 나이도 없는 허공에

정월

발가벗고 봄비가 그리운
북쪽 자작나무가
날 때부터
삭풍을 외투처럼 걸친
남쪽
리기다소나무랑
서로의 키를 재고 있다
고드름을 단
자가웃 개천을 마주하다
동상을
이고 지고
언 땅에 누운 그림자 둘

외포리

두 손바닥 생명선을 걷다 만난
바다 앞 포구는
뱃고동이
울린 이별의 눈물이고

보듬을 수 없는 안개 속에서
황홀했던
밴댕이구이고
꽃게탕이고, 쐬주 두어 병이다

호동이

십년 이상 편히 진달래공원에서 주무시는 울 어매
성과 같다 서태후께서 너무나 예뻐해 치마폭에 산
조상을 가진 새까만 눈동자만 보면 짠하고 슬퍼져
자꾸 자꾸 밥을 주다가 집사람 지청구가 일상이다
사람의 병은 다 가지고 있는지 쿠싱증후군에 신장
결석에다 혈압이 160이란다 입원이라도 하신다면
온 집안 머리 가슴이 손잡고 아파온다 큰 난리다

먼저 가서
강산이 변하고 변한다 할지라도
우리집 지구는 호동일 중심으로 돌고 또 돌 거다

어떡해

봄이란 봄은 남 몰래 다
벗어 던져버리고
소년원 흰 돌담
사잇길 따라 달려와
품에 안긴 어린 찔레꽃
이 첫 향기를 어떡해
어떡하면 좋아
미운 바람을 타고
새끼꿀벌들 어디로 갔나

숨은 여

홍합 우렁쉥이 어디로 갔나

돌김 곰보미역
다시마에
품안에 눈뜬 애기 감생이도
떠날 건 다 떠나

밀물이든지
썰물이든지 물돌이만
될라치면 숨이 차다 파도야

이명

당산나무 머리 꼭대기에서
온종일, 구름을 보고 울던
왕매미 오누이가
내 귀로 이사를 와
여름 내내 맴맴맴 하다가
파초잎에 뚝뚝 떨어지는
소나기 소리로 울더니
가을이면
목소리를 바꾸어
섬돌 밑 귀뚜라미로 운다

초극한 직업

삼짇날부터
쭉, 초가 제비집 옆에
세끼를 밴
어미거미 베틀에 앉았다

북도
씨줄도 없이

두만강

눈은 감아도 눈이 머는
슬픈 물결이여
삿대도 노도 나룻배도
어디가 없다
남의 이름으로 팔릴까
무서워
한밤에 별이
업고 가 하늘에서 사나

나이테

새하얀 인턴 시절이다

고요가 밀물처럼 깔린
신생아실 정오
눈도 못 뜬 갓난쟁이
어깨에
배추흰나비 만한
연꽃이
환한 걸 본 적이 있다
보이지 않은
나이테를 안고 어른이
다 된 그 연꽃들

시방, 어느
연못이 감추고 있을까

번개꽃

언제나 피뢰침이었지

어디서나
벼락 맞을 준비가 된

청동거울

인공 땜에 산속에 살다가
남몰래
앵강만 삿갓섬 아래
물골이 쭉 잘 뻗은 갈치
참치 정치망에서
도채비랑 밤낮 파시를
기다리느라
눈이 먼저 웃는 얼굴이
구리녹이
파란 헌 거울에 숨어있다

꼬리별의 전언

친구야, 삭은 너 얼굴을 보니
눈물이 핑 돈다
가슴 속 깊이 감추어둔
참고래 대왕고래
보잉 747만 하다는
수염 긴 고래도 아삼하다
가치상어 괭이상어는
아직도 이웃사촌이겠지
너네동네 빙하 깨어지는
소리를
슬퍼할 시간이 없어
미안하고
걱정은 태평양이란다, 친구야

숲이 그린 삽화

자작나무와 사스래나무가
흰 햇살에
바다 건너 먼 나라
은화로 빛나고 도란도란
바람이
입 다물면
양떼구름이 떼로 지나간
텅 빈 산은
그림자를 몸속에 감춘다
수미산에 가려
낮달은
하늘에도 강물에도 없고

그 오동도는

귀는 마파람에
눈은 은하수에

동백꽃에 물든 빨간 가슴도
덩달아
시누대숲을 지나
갯바위 틈새로 사라지니
동박새가 그려놓은
열아홉 살 적 우리 섬은
갈매기가
파도가, 수평선으로
끌고 가 그림자조차 없다

눈은 은하수에
귀는 마파람에

개기일식

내 가슴 속 그대에게

기어이 바치리라
세상에서 제일 큰 다이이아몬드반지를

제4부

백령도, 눈 내리는

눈아, 이왕지사 저 건너 몽금포에
내려와 앉지 그래
장산곶 마루에서 춤도 추고
임도 보고
인당수에 눈물 좀 보태다
은근슬쩍 코끼리바위 코도 만지고
이도저도 싫으면
금모래 십리길 바람의 날개 타고
흰 나비여도 좋지 좋아
그래, 그러다가 아무도 몰래
목마른 청솔밭 마른 목 축여주고
땅속으로 예쁘게 스미면
오는 봄을 열
착한 뿌리 튼실하게 키워줘, 눈아

울음과 웃음 사이

젖니도 안 난 울음을
할배 할매 묘지 가는
길옆에 묻은 다음 해

아 글쎄 봄과 여름 사이
애기똥풀이 노란 젖니를 달고
화알짝 웃음을 피워주고 있지뭡니까

엄마 젖 한 방울도 못 얻어먹은
갓 난 웃음을 찾아 다시 가보니
이번에는 때랑 장소랑 이름까지
바꾸어 개망초랑
개양귀비랑 개연꽃으로 피워주고 있지뭡니까

강아지 깽깽이풀 뜯어 먹던 세월은 흘러

익을 대로 다 익은 그 울음은

아마, 살구나무나 목련이나 조팝나무로
제 이름에 맞는 웃음을 피워주고 있을 겁니다

직녀

금실 은실
별빛으로 비단 고만 짜고

손잡고 우리
구름으로 내려가 목화씨나 뿌릴까, 견우야

백일홍 피는 마을

모기입이 삐뚤어지기 전에

초록은 불타

올여름 별 농사는 반타작이다

낙과

서울역 근처 외로운 골목길
낯선
과수원 좌판마다
오지게 누운 파란 과일이랑
언제나, 겨울이 맨 먼저
찾아온 이태원
그 철없는 철조망
사이로 반값에
팔리던
어린 사과 볼이 노상 춥다

별

그믐달 흰 눈썹 옆에 누워
이승의 얼굴을 내려다보다

목동의 어깨에 기대 잠든
아가씨가 되다가
황해도 용당포 앞바다
젖먹이 울음을 삼킨
그날 그 수심도 재다가
하얀 재가 된
어제를 훌훌 털고
사라져 간다
꼭두새벽 닭 울음 속으로

한탄강

천 년 묵은 외눈 이무기의
용이 못된 한이
주상절리 좌상바위를
주저리주저리 돌고 돌면
임진강에 내린
이슬비가 같이 섞여
황해바다로 흐르고 있다

이 나라 개천
가재, 붕어, 개구리야

춘래 춘

외로움에 핀 홀아비꽃대가
옥녀꽃대를 바라보다
한숨만 쉬니 한심한
봄비가 틈틈이
눈물 대신 흘려주고
그 아래 여울에는 원앙이
두 쌍이 쌍쌍이
신혼 중인데 농사에 바쁜
오리 아빠는
제 딸
청첩장 부칠 짬이 없단다

마가목은

웨딩드레스가 고운 신부다

부케랑 같이
하얀 웃음은 삼복
힘센 햇살의 담금질로
사랑의 열매가 되나니
나라 곳간이 허해진 요즘

찌르레기나
鳥暴
직박구리에겐 고봉밥이다

바람의 거처

휘파람 소리로 와 갈 곳을
찾다가

석모도 근처에서
북녘바다
파도를 보고 울고 있다

할매바람도 외손주바람도

일상

누군가의 부고 같은

하얀 비행운이 파란
하늘에 누운 수평선
되어 수평선이 되어

대모산 위
하루를 쪼개고 있다

1944년 생

태어나보니 일제강점기였다

쑥 보시로
일곱 번 보릿고개를 넘다
따발총 몇 자루가
국민학교를 접수해
영이도 바둑이도 없이
웃자란 풀과
한 마지기 운동장
버짐나무랑 여름내 놀았다

오늘도 놀고 있다
바람에
휘날리는 흰 머리카락이랑

가오리연

매화가 피는 동네 입구
정자나무 꼭대기에
걸려 꽃샘추위에
뼈대만 남은
어린 꿈의 길이는 누가
재고 있을까나
하늘하늘 곱게 부는
하늬바람일까
간재미가 오순도순
진도 앞바다를
끼고 사는 마파람일까

그리운 명파리

연어가 돌아올 줄 모르는
명파천은
별 많은
칠성장어가 어른이시다
205 이동외과병원
김 대위가
별의
작전명령에 따라
해금강,
쪽으로 가고
가는 밤길은
반세기 후
오늘밤도 제사리걸음이다

동서남북

동쪽 끝 계절을 잊고 우듬지에 앉은
부엉이는 오오올오올올 울다 잠들면
서쪽, 호랑지빠귀 희이이희희이희
웬 귀신 씨나락 까먹는 소리로 운다

호올로, 편백나무 꼭대기에서
거룩해진 북쪽 배불뚝이 쏙곡새는
쪼오쪽쪼오쪽 젖 빠는 소리로 울고

남쪽, 숲은 좌우로 갈라져
울다 싸우고 울다
싸워 한낮도 까먹은 올빼미세상이다

지상의 숲, 새마다
짝짓기 철이 달라 바람 잘 날 없다

병상에서

이쁜 딸내미한테서 전화가 왔다

참, 행복했다

이름도 잊은
나그네 病아
이틀만
이틀만 더 같이 있어다오

입동의 얼굴

살얼음 낀 동네 저수지만한
하늘에
구름이 물러나자
양로원 돌담길에 앞이 막힌
어린 바다가
수 십 년은 더 늙은 파도를
갓난쟁이
보듬듯

내일은 쪼매 추워야 쓰것다

다시 동굴에서

보이지 않는 적에게 쫓겨
뒤돌아와 보니 동굴이다
낯익은 그림과
알 수 없는 새 그림이
벽에 가득하다
멀리 천둥이 울어도
밖에는, 함성이 한창이다
또 크로마뇽인이
매머드랑 전쟁 중인가보다

|후기|

가만히 귀를 열어 들리는 소리

12층 허공에서 문을 열면 산이 걸어 들어와 매일
얼굴과 목소리를
바꿀 줄 아는 그 친구랑
조곤조곤 이야기하는 재미가 쏠쏠합니다.
하기야, 천지사방에서 구름이 바람이 천둥이
전해준 이야기만으로도 충분히 똑똑해,
가만히 귀를 열어 들리는 소리를
적은 이 책의 절반은 그에게서 왔습니다.

대모산 불국사 스님 몰래
풍경소리로 모실 분이 나에게 세 분이나 있습니다.

보이는 가슴마다 화살의 말씀을 쏘다가,
화살소리로 멀리 저 멀리 떠나가신 분.
오늘도, 크나큰 어르신 발자국에
스스로의 발자국을 맞추어 보시는 분.
정은 형제보다 깊어 마음에 드는